IRMTRAUD RIPPEL / HEIKE ELLERMANN

MALTE IM MOOR

ENTDECKUNGSREISE IN DIE VORGESCHICHTE

LAPPAN

Irre Lichter

Es ist schon fast dunkel. Seit einer halben Stunde trottet Malte neben Lisa her, zuerst zum Bäcker, dann zur Schule, zum Reitstall, und jetzt biegen sie in einen dunklen Seitenweg ein. „Geh doch schnell mit Lisa. Sie kann dir schon mal ein bißchen was von Bohlstedt zeigen“, hatte Tante Inge gesagt. Aber jetzt reicht es ihm eigentlich.
„Mensch, was sollen wir denn hier?“ mault Malte. Neben dem Schotterweg ragt ein Maschenzaun in die Höhe. Wie in einem riesigen Käfig liegt dahinter ein dunkler Haufen aufgetürmt.
„Hier ist unsere Torffabrik“, sagt Lisa. „Und das ist der Weg für Mutige. Er führt zu den Wiesen.“
„Na und? Wiesen gibt es bei uns auch.“
„Aber keine Moorwiesen. Im Moor wohnen Gespenster und Moorhexen.“
„Quatsch“.
„Pssst, sei mal ganz leise. Hörst du was?“ Lisa flüstert nur noch. „Im Moor seufzt es.“
„Ich höre nichts“, knurrt Malte.
„Es ist ja auch noch nicht richtig Nacht. Aber wenn du dann etwas wispern oder stöhnen hörst, sind es die Seelen der Verstorbenen. Das sagt jedenfalls Jans Oma immer. Dann muß man schnell in die nächste Hütte gehen oder irgendwie Licht anmachen.“
„Hier ist doch gar kein Moor“, sagt Malte ziemlich laut und ziemlich hastig.
„Aber hier war mal Moor“, murmelt Lisa. „Also paß lieber auf, daß sich kein Irrlicht auf deine Schulter setzt.“
„Ein Was?“, fragt Malte.
„Mensch, das weißt du nicht?“ sagt Lisa. Sie redet plötzlich mit ganz tiefer Stimme. „Siehst du da, so klein und bläulich?“
„Nee, wo?“
„Na dort, wie so eine kleine Flamme.“
Malte reckt den Hals. Die sind aber komisch hier, die Leute. Von Irrlichtern redet Papa nur, wenn Malte abends zu oft im Schlafanzug im Wohnzimmer auftaucht. ‚Na, du Irrlicht, geh wieder ins Bett‘, sagt er dann immer.
„Irrlichter können gemein sein“, fängt Lisa schon wieder an. „Wenn man irgendwas angestellt hat, ärgern sie einen. Sie führen dich zum Beispiel an ein Wasserloch im Moor und schubsen dich hinein. Und dann sehen sie zu, wie du darin zappelst.“
Malte denkt schnell nach. Nein, er hat heute nichts angestellt. Er hat nur im Zug hierher nach Bohlstedt gesessen. Und wo soll denn hier ein Wasserloch sein?
„Ich glaub’ dir kein Wort“, sagt er.
„Du wirst schon sehen“, flüstert Lisa, „manchmal kichern sie nur und kneifen einen ins Ohr. Das piekt, wie wenn dich eine Mücke sticht.“
Mensch, diese Lisa gibt vielleicht an. Aber ... das Ohr ..., es juckt jetzt wirklich ein bißchen. Malte zuckt mit der Hand zum Kopf. Und da hinten ... , da sieht man doch tatsächlich ein Licht flackern. Es kommt zittrig auf sie zu, ein bißchen rauf, dann wieder runter, ein bißchen nach links und zurück... Und daneben schwebt noch eines.
„Laß uns umkehren, sonst schimpft Tante Inge“, drängelt Malte.
Lisa kichert: „Hihi, du hast ja Angst!“
Die zittrigen Irrlichter kommen immer näher. Und sie werden immer größer. Wäre er bloß nicht mit hierhergegangen. Malte klopft das Herz. Er kann doch jetzt nicht einfach wegrennen!
Die zwei Lichter erlöschen direkt vor ihnen. Sie gehören zu zwei Fahrrädern.
„Lisa, na sowas. Man sieht euch ja kaum. Ihr gehört doch nach Hause so spät!“
Malte kennt die Stimme nicht. Das zweite Fahrrad-Irrlicht klingt für ihn vertrauter. Es ist Tante Inges Nachbarin.
„Sollen wir euch eben mitnehmen? Dann geht es schneller. Los, setzt euch auf die Gepäckträger.“

Ab ins Moor

„Habt ihr wirklich Irrlichter hier?“ fragt Malte beim Abendessen Tante Inge. Die schaut zu Malte und dann zu Lisa.
„Wie kommst du denn darauf?“ fragt sie.
„Naja, wir haben uns vorhin darüber unterhalten“, wirft Lisa schnell ein und sieht Malte beschwörend an.
„Du weißt doch, daß wir hier früher riesige Hochmoore hatten“, sagt Tante Inge. „In diesen Mooren hat man immer wieder kleine Flämmchen leuchten sehen, die man sich nicht erklären konnte.“
„Und woher kamen die?“
„Tja, das weiß man bis heute nicht ganz genau. Wahrscheinlich entzünden sich Gase aus dem nassen Moorboden - Faulgase sagten die Leute früher dazu. Und das gab kleine züngelnde Flämmchen, die nur ganz kurz aufleuchteten. Die Leute fanden das immer sehr unheimlich und dachten sich dazu ebenso unheimliche Geschichten aus.“
„Wo kann man denn mal ein echtes Irrlicht sehen?“ fragt Malte.
„Das kann ich dir nicht sagen. Ich bin selbst noch keinem begegnet. Aber das Moor kannst du ansehen, dann weißt du etwas über das Zuhause der Irrlichter. Ihr könntet morgen mit dem Rad ein Stück hinausfahren. Lisa kennt die Strecke.“

Am nächsten Tag sind Malte und Lisa auf den Fahrrädern unterwegs. Die schmale Straße läuft geradeaus wie ein Strich. Links Wiesen und Bäume und Kühe, rechts Kühe und Bäume und Wiesen. Und dazu ewiger Gegenwind, fast zum Verrücktwerden.
„Bist du schon schlapp?" Lisa dreht den Kopf zurück. „Mach doch schnell, Malte, ich glaub', da vorne steht die Moorbahn."
Endlich halten sie an. Auf dem Parkplatz stehen ein paar Autos in der Sonne und zwei Omnibusse. Ein Stück davor drängelt sich eine Menschentraube um kleine grüne Wagen, die aussehen wie von einer Spielzeugeisenbahn. Eigentlich sind es nur Bänke auf Rädern mit einem Dach darüber. Auch die orange-gelbe Diesellok vornedran ist ziemlich klein geraten.
„Na, ihr beiden, wollt ihr noch mit?" ruft fröhlich der ältere Mann, der die blauen Fahrscheine abknipst. „Setzt euch ganz hinten rein, Lisa, du weißt ja schon, was ich erzähle. Und nehmt ruhig auch eine Decke, es ist zugig bei der Fahrt."
Malte und Lisa brauchen nicht zu zahlen.
„Vielen Dank, Onkel Ernst", ruft Lisa zurück. „Das ist Malte. Ich hab dir doch erzählt, daß er zu Besuch kommt."
Sie läßt sich auf die Bank fallen, die Lok pfeift, es geht los. „Bist du schon mal so herumgetuckert?" fragt Lisa stolz. „Das geht nicht jeden Tag. Sonst fahren hier die Wagen von der Torffabrik."

Ein Stück Unendlichkeit

„Herzlich willkommen, meine Damen und Herren", schreit Herr Eilers im Nachbarwagen nebenan gegen den Dieselkrach an. „Sie fahren mit mir jetzt durch altes Hochmoor. Oder besser, durch das, was davon übriggeblieben ist. Es ist eine Urlandschaft mit seltenen Pflanzen und Tieren, wie man sie sonst nirgends sehen kann. Ich werde Ihnen gleich mehr dazu erzählen."
Rechts und links wandert Birkengestrüpp vorbei. Von wegen Moor. Doch ehe Malte den Mund aufmachen kann, legt sich die kleine Bahn in eine Kurve, und plötzlich gibt es nur noch braungrüne Weite und blauen Himmel. Die Bahn stoppt. „Ich bin noch so k.o.", murmelt Malte, „müssen wir wirklich wieder aussteigen?"

Die meisten Besucher haben ihre Fotoapparate vor dem Gesicht und knipsen. Wie Spiegel liegen kleine Wassertümpel in der Fläche. Aus dem Wasser leuchten weiße Birkenstämme, alle sind auf halber Höhe abgebrochen, als wäre ein Sturm über sie gefegt.
„Maler müßte man sein", seufzt eine alte Dame im Regenmantel. „Diese Weite - wie ein kleines Stück Unendlichkeit. Und da vorne am Wasser die grünen und gelben Binsenbüschel, als ob sie tanzen wollten - das ist ja wirklich wunderschön."

„Wir versuchen, hier ein altes Hochmoor wieder zum Leben zu bringen", sagt Herr Eilers. „Wenn Sie die Augen ein bißchen zukneifen, können Sie sich ungefähr vorstellen, wie vor vielen Jahrhunderten diese Gegend einmal ausgesehen hat, ziemlich naß und ziemlich einsam. Damals fuhr keine Moorbahn, und es gab keinen Weg hier. Alles war eine riesige Weite, nur Moospolster, ein paar Büschel Heide und Wasserlöcher. Mit solchen Flächen konnte man nichts anfangen, man konnte nicht mal einfach drüberspazieren. Höchstens, wenn man sich sehr gut auskannte oder wenn alles zugefroren war."

Herr Eilers weiß schrecklich viel. Von einer Wanne erzählt er, die Gletscher hier ausgeschürft haben und in der das Regenwasser einfach stehenblieb. „In dieser Regenwasser-Wanne vermoderten Pflanzenreste zu Sumpf. Und in diesem Sumpf fühlte sich am Ende nur noch eine bestimmte Pflanze wohl und gedieh prächtig, sehen Sie mal."
Er fischt aus dem Wassertümpel mit dem Stock ein giftgrünes triefendes Etwas.
„Mach doch eben die Runde damit", sagt er und reicht Lisa den Stock.
„Sehen Sie bitte genau hin - aus diesen Pflanzen besteht unser Moor, das Hochmoor. Es sind die Torfmoose. Das sind sehr merkwürdige Pflanzen. Sie haben keine Wurzeln und ernähren sich nur vom Regenwasser. Sie wachsen und wachsen und saugen sich voll mit Wasser wie ein Schwamm. Aus ihren abgestorbenen Stengeln und Blättern entsteht der braune Torf."
Lisa hat Herrn Eilers den Stock mit dem tropfenden Torfmoos zurückgebracht.
„Diese Fläche vor uns dürfen Sie nicht betreten", sagt Herr Eilers. „Wäre übrigens auch nicht empfehlenswert. Zwischen den Binsenpolstern steht reichlich Wasser, sehen Sie? Aber wenn Sie mögen, können Sie sich noch diese Informationstafeln ansehen. Da sind die wichtigsten Pflanzen und Tiere abgebildet. Und sonst stellen Sie mir ruhig Fragen, wir haben ein paar Minuten Zeit, ehe wir weiterfahren."

„Wie tief ist denn so ein wäßriges Moor? Kann man da wirklich nicht drübergehen?" fragt Malte.
„Ah, hier will es jemand ganz genau wissen", sagt Herr Eilers. „Also, junger Mann, das darfst du mir glauben, als unser Moor noch ungestört und nicht entwässert war, machte man besser einen großen Bogen drumherum."

„Aber wie tief ist es denn?“
„Auf jeden Fall tief genug, daß man mit Haut und Haaren darin verschwinden konnte. Die Torfschicht konnte bis zu 10 Meter und höher wachsen. Meinst Du, das reicht zum Untergehen?“
Ehe Malte nicken kann, redet Herr Eilers schon wieder weiter: „Habe ich eigentlich schon gesagt,

wie schnell ein Hochmoor wächst? Einen winzigen Millimeter pro Jahr. Macht in hundert Jahren zehn Zentimeter. Und in tausend Jahren einen Meter. Das kannst du übrigens alles auf unseren Tafeln sehen.“
Irgendwie ist er ganz nett, dieser Herr Eilers, obwohl er einen ausfragt wie ein Lehrer.

Moore muß man schützen

In unberührten Hochmooren und an ihren Randbereichen können nur wenige Tier- und Pflanzenarten leben. Sie haben sich an die extremen Verhältnisse angepaßt. Zu den „Moorspezialisten“ gehören Insekten, zum Beispiel Libellen, und Vögel, wie das Birkhuhn, die Sumpfohreule, der Brachvogel und der Rotschenkel. Am Rand der Hochmoore leben die Kreuzotter und der Moorfrosch.

Das Birkhuhn

Alle diese Lebewesen brauchen das nasse Hochmoor. Sie verlieren ihren Lebensraum, wenn man die Moore vernichtet. Wenn man den Reichtum unserer Tier- und Pflanzenwelt erhalten will, muß man die Moore schützen.

Libelle (Mosaik-Jungfer)

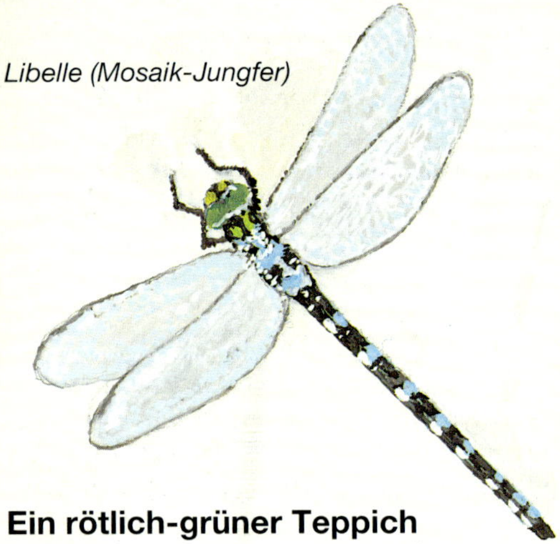

Ein rötlich-grüner Teppich

Hochmoore gibt es auf der ganzen Welt. Es sind einsame, sumpfige Gegenden, die für Menschen unzugänglich sind. Hochmoore werden nur vom Regenwasser gespeist. Sie bestehen zu über 90 Prozent aus Wasser. Ihre Oberfläche ist von einer dichten Pflanzendecke aus verschiedenen Torfmoosen bedeckt. Dazwischen wachsen auch Zwergsträucher wie Rosmarinheide, Moosbeere und Besenheide sowie Wollgräser und der Sonnentau. Diese Pflanzen bilden im nassen Moosteppich festere Polster, die Bulten. Dazwischen liegen wassergefüllte Vertiefungen, die Schlenken, oder größere offene Wasserflächen, die Kolke oder „Mooraugen“.
Je nach Jahreszeit wechselt die Farbe von Hochmoorflächen von sattem Grün und zartem Weiß bis zu Rostrot und Violett.

Aufgebaut aus Schichten: Schnitt durch ein Hochmoor

Aufgeschichtet aus Pflanzen

Im Hochmoor können abgestorbene Pflanzen nicht vollständig verrotten. Die Kleinstlebewesen wie Bakterien, Asseln oder Regenwürmer, die sonst dafür sorgen, daß tote Pflanzen zersetzt und in Humus umgewandelt werden, können im sauren Moor nicht leben. Die Reste abgestorbener Pflanzen bilden den braunen Torf. In den oberen, jüngeren Torfschichten - dem Weißtorf - sind noch ziemlich viele grobe Reste enthalten.
In den tiefergelegenen älteren Schichten sind die Pflanzenreste feiner zerdrückt und der Torf ist dunkler. Er wird deshalb Schwarztorf genannt. Ohne Störungen wächst der Torfkörper oft so hoch, daß er über das umliegende Land hinausragt. Daher kommt auch die Bezeichnung Hochmoor.

Alte Wälder tief im Torf

Beim Torfabbau kommen oft alte Baumwurzeln oder sogar ganze Baumstämme ans Tageslicht. Unter den tiefsten Torfschichten kann man die Reste uralter Wälder finden. Sie wurden von Torfmoosen überwuchert, als die Moore nach dem Ende der letzten Eiszeit zu wachsen begannen. Die Bäume „erstickten“, fielen um und wurden dann vom Moor eingeschlossen. So sind sie bis heute erhalten geblieben.

Die Endlos-Pflanze

Torfmoose haben eine einmalige Fähigkeit: Im unteren Teil sterben sie aus Licht- und Luftmangel ab, aber gleichzeitig wachsen sie an der Spitze weiter. Das gelingt ihnen, weil sie ohne Wurzeln auskommen und sich allein aus dem Regenwasser ernähren können. Sie können ungeheure Mengen an Wasser speichern: das 25fache ihres eigenen Gewichtes. So haben sie auch einen „Vorrat“ für Trockenzeiten.
Es gibt in Deutschland ungefähr 30 verschiedene Arten von Torfmoosen.

Das Torfmoos

Der Sonnentau

Gierig nach Fleisch

Für kleine Insekten ist er ein Feind: der Sonnentau mit den purpurroten Blättern. Diese Moorpflanze „frißt“ Tiere. Auf ihren Blättern befinden sich klebrige, bewegliche feine Drüsenhaare. Ein Duftstoff lockt Insekten an. Setzt sich eines, wird es von den klebrigen „Greifern“ und dem Blatt umschlossen. Eine Flüssigkeit, die aus winzigen Drüsenhaaren ausgeschieden wird, macht das Fleischgericht für die Pflanze „verdaulich“.

Moore werden zerstört

In Deutschland gab es früher riesige Hochmoor-Flächen. Davon sind heute nur winzige Reste übriggeblieben. Lange Zeit wurden die Moore trockengelegt und zu Viehweiden und Ackerflächen gemacht, weil die Bauern Land brauchten. Gegen die heftigen Proteste der Naturschützer werden die Moore heute durch die Torfindustrie zerstört.
Sie werden durch Gräben entwässert, dann wird der Torf abgebaut und in Fabriken transportiert. Meist wird er zermahlen und als Zusatz zur Gartenerde verkauft, obwohl der Nutzen dieser „Torferde“ umstritten ist. Auch in der chemischen Industrie und für medizinische Heilbäder wird Torf verwendet.
Die trockenen letzten Reste des Moores sind tot und wachsen meist mit Birkengebüsch zu. Sie stellen eine völlig veränderte Landschaft dar.

Torf gehört ins Moor!

Nasse Wüste

Beim nächsten Halt sieht die Umgebung völlig anders aus. Links und rechts vom festen Weg mit den Bahnschienen dehnt sich ein riesiges braunes Feld aus, alle paar Meter ist es durch schmale Gräben aufgerissen. Dunkles Wasser steht darin. Wie Schokohäufchen reihen sich kleine Pyramiden aus aufgestapelten Torfstücken, so weit man sehen kann.
„Das sind Torfsoden. Mein Opa hat solche Soden selbst mit dem Spaten aus dem Torf gestochen“, sagt Lisa.
„Und wozu?“ Malte schaut sie erstaunt an.
„Zum Heizen. Dann mußte er keine Kohlen kaufen.“
Herr Eilers hat schon wieder seine Zuhörer um sich geschart. „Bleiben Sie bitte auf dem festen Weg bei mir. Wir sind hier mitten in dem Gebiet, in dem Torf abgebaut wird. Seit Jahrhunderten kämpfen die Menschen gegen das Moor, weil es unfruchtbarer Boden ist. Sie zerstören es, um daraus Weideland und Äcker zu gewinnen. Sie entwässern es und holen aus den Flächen den Torf heraus. Das war früher harte Schufterei. Sehen Sie da hinten die große Maschine? Sie macht heute fast die ganze Arbeit allein. Sie schneidet den Torf und stapelt die Stücke zum Trocknen in langen Reihen. Junger Mann da drüben, gibst du uns einmal einen Torfsoden her, wenn du dort schon so günstig stehst? Fällt dir übrigens was auf?“

Malte zieht vorsichtig ein Stück Torf aus einem Stapel, es ist so groß wie zwei Ziegelsteine, aber federleicht. Aus der Nähe sieht man, daß dunkle Holzstückchen drinstecken und hellere Wurzeln, wie gedrehte Stricke.

Herr Eilers hält das Stück hoch: „Sehen Sie die Fasern da? Es sind Pflanzenreste, die noch nicht ganz zersetzt sind. Sie sind 2000 Jahre oder noch älter! Na, kriegen Sie jetzt vor Ehrfurcht eine Gänsehaut?“
Ein schlaksiger Mann in der Runde kritzelt immer wieder etwas in ein kleines Ringbuch. Schreibt der mit, was Herr Eilers erzählt? Sieht ja ziemlich streberhaft aus. Jetzt hebt er den Kopf und sagt: „Das ist ja trostlos. Keine Menschenseele außer uns, keine Blume, kein Leben so weit das Auge reicht. Kaputte Natur. Man könnte Angst kriegen.“

Malte gähnt und schlendert ein paar Schritte vom Weg herunter, da ist schon brauner Torfboden. Soll er mal ein Foto machen? Vielleicht von dem Bagger dahinten? Der ist ein echtes Monster. Auf dem würde er ja gern mal mitfahren. Malte trabt los.

Der Reinfall

Das ist ja irre, ein ganz komisches Gefühl. Der schwarze Boden federt richtig, und man sinkt doch tatsächlich ein bißchen ein. Mit einem Satz ist Malte auf der kleinen Mauer aus Torfsoden, die entlang dem schnurgrade gezogenen Wassergraben aufgeschichtet ist. Ob er von hier aus die Leute knipst, die noch immer Herrn Eilers andächtig zuhören? Lieber doch den Bagger. Der sieht aus, als ob er direkt auf ihn zurollen wollte. Einen Arm hat der wie eine Riesenkrake, die zur Seite ausholt.

Malte balanciert ein paar Schritte geradeaus. Ist ja doch ein bißchen schmal hier oben.

„Mensch, spinnst du“, schreit Lisa von hinten. „Was machst du denn?“

„Achtung, Achtung, dies ist ein Super-Spitzen-Moor-Sprung-Lauf.“

Malte hat ein paar Hüpfer auf einem Bein gemacht, und jetzt springt er mit beiden Beinen nach vorn, einmal, zweimal. Und dann geht es plötzlich sacht bergab mit ihm, zur Seite.

„He, ich rutsche“, schreit er, und alle drehen sich nach ihm um. Die Torfsoden haben nachgegeben, die Torfmauer ist unter seinen Füßen einfach weggesackt. Maltes Beine stecken bis zur Wade im feuchten Torf, und - das darf doch nicht wahr sein - jetzt zieht es ihn immer weiter hinunter in den Graben. Nasse Landung. So ein Mist.

„Hilfe!“ Er steht bis zu den Knien im modderigen Wasser. Er muß wieder raus hier. Wie soll er denn den Grabenrand erwischen, der liegt ja jetzt über ihm. Und die Füße wiegen Zentner. Ob er die überhaupt wieder hochkriegt aus dem Schlamm?

„Nun heul mal nicht. Ist doch halb so schlimm!“ sagt der schlaksige Schreiberling. Er ist als erster mit ein paar großen Sätzen zu Malte gerannt. Jetzt steht er am Grabenrand und reicht Malte beide Hände entgegen. „Halt dich schon fest, ich ziehe. Na also!“

Alles naß und schmierig: der Anorak, die Hosenbeine, die Schuhe. Blöder Matsch. Und alle reden auf Malte ein: „Liebes Kind, da hast du aber Glück, daß es lange nicht geregnet hat und das Wasser im Graben nicht so hoch stand.“

„Willst du mal wissen, was passieren kann? Wenn du Pech hast, kommst du allein nicht wieder raus aus so einem Wassergraben. Die haben keinen festen Grund.“

„Paß bloß auf, daß du mit den nassen Beinen keinen Schnupfen kriegst!“

„Das Braun geht so schnell nicht wieder raus“, sagt die Frau mit der blaßrosa Windjacke zum zweiten Mal schon. „Da wird sich deine Mutter aber freuen.“

Lisa sagt gar nichts. Malte steht auf einem Bein und kippt den linken Turnschuh aus. Ein Schwapp Wasser fließt heraus, braunes Wasser, Moorwasser. Er wickelt sich den Anorak um den Bauch, jetzt fallen die bräunlich-nassen Hosenbeine nicht so auf.

Als sie wieder in die Bahn einsteigen, klopft Herr Eilers ihm auf die Schulter: „Na, junger Mann, glaubst du jetzt, daß man besser einen Bogen um das Moor macht? Pack dich gut in die Decke ein, dann wird dir gleich wieder warm.“

Auf dem Fahrrad ist Malte ziemlich stumm. Jetzt muß er mit den braun verschmierten Klamotten durch Bohlstedt fahren und jeder sieht gleich... Und wieso hat Lisa in der Bahn kurz vor dem Parkplatz plötzlich ihr farbiges Wollbändchen vom Handgelenk gebunden und ihm hingehalten: „Schenk ich dir. Hab’ ich selbst geflochten!“

Ausgräber

„Ihr könntet dem Ernst Eilers noch schnell diesen Umschlag mit Zeitungsausschnitten bringen. Ich habe es dauernd vergessen, und er hat schon danach gefragt“, hatte Tante Inge am nächsten Nachmittag gesagt und Lisa und Malte losgeschickt. Zu Fuß. Das kleine Backsteinhaus ist das letzte in der Reihe, „Moordamm“ heißt die Straße.
„Na, du Moorspezialist, alles wieder in Ordnung?“ Herr Eilers lacht, als er die Türe öffnet. „Ah, meine Zeitungsartikel, danke. Setzt euch einen Moment, ich schreib Inge noch einen Zettel.“
Malte schaut sich um. Merkwürdiges Zimmer. An der Wand hängen drei dicke Holzstücke, ein bisschen groß für Holzscheite. Eines ist gelocht am Ende. Was soll das denn sein? Und dann der Bilderrahmen, in den kreuz und quer Fotos hineingesteckt sind. Das ist doch Herr Eilers selbst, in hohen Gummistiefeln, wie er in einem tiefen Graben schaufelt. Da kniet er mit einem Zollstock auf einem Holzweg, hat die Nase fast auf dem Boden.
Malte zeigt auf das große Foto. „Was machen Sie denn da?“ Herr Eilers hebt den Kopf. „Ach das, das war eine Ausgrabung. Ist schon lange her.“
„Was wurde ausgegraben?“
„Ein Holzweg.“
„Und wo?“
„Im Moor.“
„Wozu?“
„Du stellst aber Fragen. Willst du das wirklich wissen?“ Herr Eilers reicht Lisa einen gefalteten Zettel: „Für Inge“. Dann lehnt er sich in seinem Schreibtischstuhl zurück. „Also junger Mann, du hast doch gestern gehört, was ich erzählt habe? Für die Menschen, die hier früher wohnten, waren die Hochmoore ein ziemliches Problem. Das waren ja gewaltige Hindernisse. Man konnte sie nur betreten, wenn man die einigermaßen festen Stellen

kannte, sonst war das lebensgefährlich. Deshalb haben die Menschen sich Wege übers Moor gebaut."
„Ich denke, das Moor gibt nach", wirft Malte ein.
„Natürlich, aber man hat Moorstraßen auch nicht aus Steinen gebaut, sondern aus Holz, weil Holz trägt. Wenn man etwas über die Leute erfahren will, die vor langer Zeit in unserer Gegend lebten, lohnt es sich, diese hölzernen Straßen genauer anzusehen."
„Woher weiß man denn, wo diese Wege liegen?", fragt Malte.
„Ganz einfach, beim Torfstechen sind die Arbeiter mit ihrem Spaten oder mit dem Bagger immer wieder weit unten in den Torfschichten auf die hölzernen Wege gestoßen. Sie waren vom Moor eingeschlossen worden, nachdem sie irgendwann ausgedient hatten. Naja, und wenn dann so uralte Hölzer aus dem Moor wieder ans Tageslicht kommen, interessieren sich die Wissenschaftler dafür. Schließlich sind die Wege zweitausend, dreitausend, manchmal über fünftausend Jahre alt."
„Dann sind Sie so ein Wissenschaftler?"
„Nein. Ich habe nur geholfen bei dieser Grabung. Siehst du, da knien wir auf Brettern und schieben mit so einer kleinen Maurerkelle Stück für Stück den nassen Torf von den alten Hölzern. Vorher hat ein Bagger einen guten Meter Torf weggeschaufelt. Wir machen die Feinarbeit. Das ist ganz schön anstrengend, den ganzen Tag so auf den Knien herumzurutschen."

Herr Eilers zieht ein anderes Foto aus dem Bilderrahmen: „Willst du sehen, wie diese hölzerne Straße aussah? Hier, da hatten wir ungefähr hundert Meter von ihr freigelegt. Sie war völlig in Ordnung, als wäre sie noch in Betrieb."
„Wo führt die Straße hin?"
„Sie ging einfach an der schmalsten Stelle quer durchs Moor. Das waren immerhin vier Kilometer,

und die Straße war an die drei Meter breit. Du kannst dir vorstellen, daß da eine Menge Arbeit drinsteckte.
Die Bauleute mußten 10 000 Bäume fällen und zu Bohlen spalten. Und dann noch alles ins Moor transportieren. Damit könnte man 30 große Eisenbahnwaggons füllen. Heute wäre so etwas eine Großbaustelle."
„Aber irgendwie sieht er komisch aus, der Weg", sagt Malte.
„Aber er ist raffiniert gebaut, finde ich", sagt Herr Eilers und setzt sich wieder. „Die Straßenbauer vor zweitausend Jahren haben dicke Eichen- und Pappelstämme zu Bohlen gespalten. Die Bohlen haben sie dann am Ende gelocht und nebeneinander auf das Moor gelegt. Zuletzt haben sie kleine Pflöcke senkrecht durch die Löcher geschlagen. So konnten die Bohlen nicht wegrutschen bei Regen oder wenn schwere Wagen drüberfuhren."
„Und was messen Sie da?"
„Wie lang und wie breit jede einzelne Bohle ist. Die Wissenschaftler - Archäologen nennt man sie übrigens - wollten den Weg Stück für Stück ganz exakt zeichnen, damit jeder, der sich irgendwann einmal dafür interessiert, alle Einzelheiten studieren kann. Der alte Moorweg selbst ist ja ein für allemal zerstört, wenn man ihn freigelegt hat. Das Moor schützt ihn nicht mehr. Und es werden immer nur ein paar Meter aufbewahrt, im Museum."

„Und der Rest?"
„Den Rest des Weges haben wir draußen gelassen. Er ist wahrscheinlich an der Luft zerfallen oder später mit dem Torf zerschnitten worden und in die Torffabrik gewandert."
„Habt ihr auch richtige Schätze gefunden? Archäologen graben doch Schätze aus."
„Ich finde, so etwas ist auch schon ein Schatz", sagt Herr Eilers ein bißchen ernster und zeigt an die Wand: „Das sind Bohlenstücke von diesem Weg. Ich habe sie damals mitgenommen. Wenn du genau hinschaust, siehst du deutliche Kerben im Holz. Die hat ein Handwerker vor 2000 Jahren mit seiner Axt beim Baumfällen eingeschlagen. Von ihm selber wissen wir nichts, aber seine Arbeit halten wir in der Hand. Das finde ich schon spannend."
„Die Archäologen haben aber auch Gegenstände gefunden, auf dem Weg und daneben. Das steht doch in deinem Buch, Onkel Ernst, nicht? Zeig' es uns doch mal!" drängelt Lisa. „Danke!" Sie blättert in dem Bildband. „Unsere Moore in Wort und Bild. Guck mal, da steht auch ‚von Ernst Eilers'. Warte, ich find's gleich. Hier ist es: Das Wagenrad aus Holz. Das haben sie zum Beispiel gefunden."
„Mehr nicht?" fragt Malte.
„Doch, ein Brot und einen Wollumhang und einen Löffel. Den hat vor 2000 Jahren jemand bei der Rast vergessen. Und da ist noch so ein Stück von einem alten Wagen - da hatte jemand eine Panne."
„Hatten die auch einen Pannendienst?"
„Hm, das weiß ich jetzt nicht", mischt sich Herr Eilers ein, „aber unterschätzt mal die Leute von früher nicht.
Die Wissenschaftler haben zum Beispiel herausgefunden, daß es so eine Art Straßendienst gab - der hat sich zum Beispiel am Wegrand fertige Bohlen gestapelt, damit man schnell etwas zum Ausbessern von Straßenschäden zur Hand hatte."
„Kann ich die Bohle da knipsen?" fragt Malte.
„Du kannst sie auch in die Hand nehmen". Herr

Eilers pustet eine graue Spinnwebe von dem alten Stück.
„Lisa, knips mich mal," sagt Malte und stellt sich mitten im Zimmer auf. „So ein altes Holz hätte ich auch gerne."
„Du bist aber kein Ausgräber", sagt Lisa genervt.
„Kann ich wenigstens mal sehen, wo der alte Weg lag?"
„Warum nicht?" sagt Herr Eilers. „Ihr könnt ja Inge fragen, was sie davon hält. Meinetwegen machen wir einen Ausflug dorthin. Aber seid nicht enttäuscht, man sieht nicht viel. Wollt ihr noch etwas in dem Buch blättern?"

Achtung, Wagenverkehr

Moore erzählen auch etwas über die Fahrzeuge der Vorgeschichte. Man fand unbrauchbar gewordene Teile der Wagen, zum Beispiel zerbrochene Wagenräder und Achsen, Achsnägel und Lederriemen. Aus diesen Bruchstücken konnten Wissenschaftler Wagenmodelle nachbilden.

Scheibenrad aus Holz

Daß diese Wagen von Rindern gezogen wurden, weiß man, weil zwischen den Bohlen ab und zu Stückchen von Hufschalen lagen. Wahrscheinlich sind Rinder auf dem Weg immer wieder gestolpert und haben sich Hornstücke dabei abgerissen.

Haltbar gemacht fürs Museum

Alte hölzerne Gegenstände aus dem Moor sehen nur äußerlich unverändert aus. Die Huminsäure im Moor hat die Holzzellen ausgelaugt. Wenn die Gegenstände im Museum aufbewahrt werden sollen, müssen sie konserviert werden. Das heißt, sie werden mit einer chemischen Lösung gefestigt und versiegelt.

Straßen über schwankenden Boden

Hölzerne Wege und Straßen haben die Menschen schon vor Tausenden von Jahren gebaut. Manchmal legten sie nur schmale Stege aus Zweigen und Strauchwerk auf die Moorfläche. Als Pfad für Fußgänger genügte das.
Am kunstvollsten konstruiert waren die „Moorbrücken": hölzerne Pfeiler wurden zuerst paarweise in den Mooruntergrund gesteckt. Sie sahen aus wie riesige Stopfnadeln. Durch das „Nadelöhr" wurden lange dünne Holzstangen gefädelt. Auf diesen Stangen lag dann der Straßenbelag aus dicken Eichenbohlen. Damit diese Bohlen nicht verrutschen konnten, wurde meist eine zweiten Stange obenauf gelegt, die ebenfalls durch das Nadelöhr geschoben war und so feststeckte.

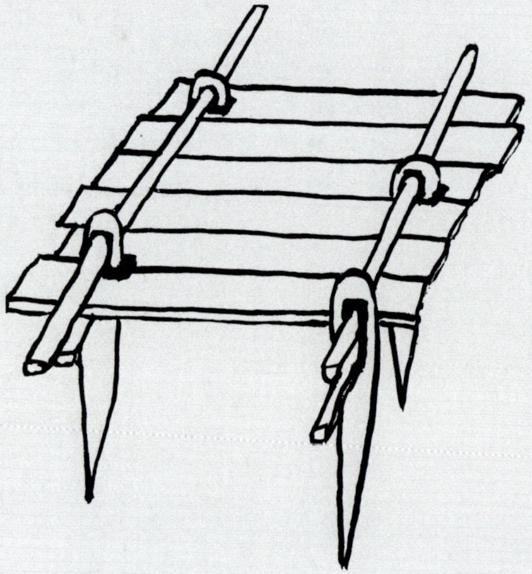

Modell der „Moorbrücke"

Aus der Werkzeugkiste der Straßenbauer

Zum Fällen der Bäume und zum Spalten der Baumstämme benutzten die Bautrupps der Vorgeschichte noch keine Sägen. Sie arbeiteten mit Beilen. Die Schlagspuren sieht man an den Holzstämmen und Bohlen.
An den Spuren kann man auch erkennen, welche Beile es genau waren: die Menschen der Steinzeit (sie lebten vor 6000-4000 Jahren) verwendeten Beilklingen aus Feuerstein. Später hatte man Bronzebeile.
Vor 2000 Jahren gab es schon Schmiede, die Eisengeräte herstellten.

Alter Torfspaten *Alter Meßstab*

An der Wegtrasse arbeiteten die Handwerker auch mit hölzernen Torfspaten. Etliche davon blieben liegen - vielleicht absichtlich. Auch einen „Zollstock" der Handwerker fand man: es ist ein runder dünner Stab, in dessen Ende neun gleich breite Kerben geschnitzt sind.

Lotsendienst für Fuhrwerke

Das Befahren der Moorstraßen war für Fuhrwerke gefährlich. Weil die Wegflächen zum Teil mit Heideplaggen abgedeckt waren, sah man die Fahrspur nicht genau.

Rinderjoch

Die Zugtiere konnten leicht über den Wegrand hinaus geraten und den Wagen zum Kippen bringen. Vermutlich ließen sich deshalb die Fuhrleute führen. Man fand an einem langen Moorweg befestigte Plätze mit Resten von Feuerstellen, Gefäßscherben und Wagenteilen. Wahrscheinlich waren das Stationen, an denen sich die Lotsen ablösten.

Der Stoff, der unvergänglich macht

Im sauerstoffarmen Torf bleiben nicht nur Pflanzenteile erhalten, sondern auch Hölzer und Holzgegenstände, Haare, Pelze, Leder, Wolle, Felle, Finger- und Zehennägel, Krallen, Hufe, Häute, ganze Körper. Sie kommen beim Torfstechen manchmal nach Jahrtausenden fast unverändert wieder zutage. So sind die Moore eine Art Schatzkammer der Geschichte. Sie können etwas über vergangene Zeiten erzählen.

Hölzer mit Kalender

Wissenschaftler können genau feststellen, wie alt Moorwege sind, denn die hölzernen Bohlen verraten ihr Alter selbst: Baumstämme setzen in jedem Jahr einen Jahresring an. In einer Scheibe aus dem Baumstamm kann man diese Jahresringe wie ein Muster aus Kreisen erkennen. Dieses Muster ist unverwechselbar wie ein Daumenabdruck. Wenn zwei Bäume genau zur gleichen Zeit in der gleichen Gegend wachsen, haben sie ein deckungsgleiches Jahresringmuster.
Mit Hilfe der Jahresringe von Eichen konnte man eine Art Musterkalender zurück in die Geschichte aufzeichnen. Wenn man zum Beispiel das Alter einer Eichenbohle aus dem Moor wissen will, kann man ihr Jahresringmuster in diesem „Musterkalender" suchen und dann sagen, wann der Baum gefällt worden ist.

Baumscheibe mit Jahresringen

Wegweiser oder Götterbild

Die Kultfiguren aus dem Wittemoor

An manchen Wegen standen hölzerne Figuren. Zum Beispiel fand man ein Figurenpaar, das in ganz einfachen Umrißformen Mann und Frau darstellt. Es war aus Eichenbrettern geschnitten. Manche Wissenschaftler meinen, das seien Wegweiser gewesen. Doch es stellte wohl eher ein Götterpaar dar, das die Menschen beim Überqueren des Moores beschützen sollte: ganz in der Nähe lag eine gefährliche Wegstelle, an der die Bohlen immer wieder einbrachen.

Spurensuche

„Hier wird Torf transportiert.“ Malte zeigt fachkundig auf die schmalen Bahngleise, die den sandigen Weg begleiten. Auch die Landschaft kommt ihm vertraut vor: die braunen Torffelder mit den Wassergräben mittendurch. Heute haben Lisa und er Gummistiefel an, obwohl es Gott sei Dank nicht regnet. So wollte das Herr Eilers. Er hat sie mittags abgeholt. Auch Tante Inge ist mitgekommen. Es hatte nur eine Viertelstunde gedauert, bis Herr Eilers sein Auto in einen schmalen Feldweg steuerte und sie zu viert losmarschierten.

„So ihr Lieben, jetzt müßt ihr hinein ins Gestrüpp. Dann haben wir's.“ Herr Eilers biegt links vom Weg ab. „Hier geht ihr durch ein Stück trockenes Moor. Das mußte die Torfindustrie stehenlassen. Ist ja wenig genug.“ Er steigt wie ein Storch über niedriges Birkengestrüpp und trockene Heidekrautbüschel. An einem hellen Schild macht er halt und fährt mit der Hand darüber: „Ah, sie sind alle stehengeblieben. Sehr gut.“

„Was ist stehengeblieben?“

„Unsere Meßpunkte. In diese Richtung verläuft unser Weg."
„Wo?" fragt Malte gedehnt.
„Na hier schräg hinüber. Wo das nächste weiße Schild steht. Und hier, direkt unter deinen Füßen. Wenn du jetzt eine dünne Stange nimmst, so einsachtzig lang, und bohrst kerzengerade nach unten, stößt du direkt auf eine Wegbohle. Wir haben damals die ganze Strecke auf diese Weise mit einer Stahlstange ertastet. Ich höre das Geräusch noch, es klingt ganz dumpf, wenn man auf den Holzweg stößt."

„Wahnsinn. Wollen wir mal reinpieken?"
„Womit denn, ich hab' doch keine Stange bei mir", sagt Herr Eilers.
Soll das schon alles gewesen sein? Malte zieht eine Schnute und geht ein paar Schritte weiter. „Und vorne, wo das braune Feld beginnt, kann man den Weg da sehen?"
„Nein, das ist es ja", sagt Herr Eilers, „da vorn genau war unsere Ausgrabungsstelle. Jetzt ist das eine einzige öde Abtorffläche. Alles andere ist verschwunden, auch unser Weg. Kaputt, für immer. Ich habe es euch ja gesagt."

Tante Inge hebt die Schultern und dreht sich um: „Ach was, Ernst, da bin ich aber ganz anderer Meinung. Wenn man will, kann man hier allerhand sehen."
„Wieso? Was denn?" Malte hat sich einen dünnen Birkenzweig abgeknickt und peitscht damit gelangweilt in die Luft. Tante Inge ist ein paar Schritte weitergegangen und macht erst beim Wassergraben am Ende des strauchigen Geländes halt.

„Schau doch einfach mal nach vorne", sagt sie und legt die Hand über die Augen. „Ah, die Sonne blendet ziemlich. Aber ich sehe.... doch, da vorne im braunen Torf wird alles hellgrün und ein bißchen rostrot. Und dazwischen leuchten unruhige helle Kleckse. Das müssen die wäßrigen Schlenken sein. Kein Baum, kein Schatten bis zum Horizont. Nur eine Radspur sieht man mittendurch. Das ist unser alter Bohlenweg. Und darauf - ja richtig, da in der Ferne rollt ein Wagen. Er sieht aus wie ein altmodischer Heuwagen. Und hintendrauf sitzt ein Junge. Das könnte Atli sein."

„Hm." Bei dieser Tante Inge weiß man immer nicht, ob sie einen anschmiert. „Aber du siehst das doch nicht wirklich?" fragt Malte zweifelnd.
„Naja, was heißt wirklich. Ich sehe es fast, als ob es wirklich wäre. Wir wissen doch einiges über die Menschen früher, wie sie wohnten und wie sie lebten. Mit ein bißchen Phantasie kann ich mir gut vorstellen, wie das vor 2000 Jahren hier zugegangen sein könnte. Wenigstens fallen mir Geschichten dazu ein."
„Auch zu Atli? Wer ist das?" fragt Lisa.
„Tja, Atli, der muß so alt sein wie ihr... ach, das ist eine ganz merkwürdige Geschichte", sagt Tante Inge nachdenklich. „Erzähl doch", drängelt Malte.
„Also gut". Tante Inge seufzt. „Aber dann muß ich ganz von vorne anfangen: Stellt euch einmal vor, da drüben, wo unser Weg hinführt, hinter dem Horizont, da liegt ein einzelner Bauernhof. Er ist ganz aus Holz gezimmert und hat ein Dach aus Stroh..."

ATLIS GEHEIMNIS

Feuchte Morgenkälte weht vom Moor herüber. Atli fröstelt. Einen Moment hat er sich auf den Birkenzaun vor dem Holzhaus gesetzt, als ob er es sich noch einmal überlegen müßte. Doch nun wirft er sich entschlossen den kurzen Umhang aus Kalbsfell um die Schultern und marschiert los. Einer muß es doch versuchen. Warum nicht er, wenn die Erwachsenen nicht daran dachten?
Seit Tagen liegt die Mutter im Fieber, redet wirres Zeug. Wie eine Fremde kommt sie Atli vor, er hat Angst um sie. Sie wird doch nicht sterben müssen? An ihrem Bett im halbdunklen Wohnraum wacht von früh bis spät die Alte. Selten rührt sie sich fort, höchstens, um neuen Kräutersud aufzugießen oder um einen Armvoll Schafwolle von draußen zu holen. Die meiste Zeit zieht sie schweigend mit einer Hand dünne Stränge aus dem hellen Wollflausch im Korb. Mit der Rechten läßt sie den tönernen Spinnwirtel wie einen Kreisel tanzen, so daß sich das Garn über der Spindel zu einem länglichen Fadenknäuel hochwickelt. Atli wundert sich immer, wie flink sie dabei noch ist.
„Was ist mit der Mutter, wann wird es endlich besser mit ihr?“ hatte er die Alte vor zwei Tagen gefragt.
„Es wird der Kummer um euren Vater sein. Wer soll ihn ihr nehmen, ehe er nicht zurück ist?“ hatte sie geantwortet und noch leise gemurmelt: „Wer weiß. Vielleicht sind auch die Götter böse. Ihr denkt zu wenig an sie.“ Als Atli es genauer wissen wollte, hatte sie leise aufgelacht: „Ach Kleiner, das wirst du später besser verstehen.“
Doch Atli hatte weitergebohrt: „Was kann man tun?“.
Da hatte sie bedächtig gesagt: „Man soll den Göttern geben, was ihnen gebührt.“ Und hatte ihm lange erzählt von den Festen für die Götter, die früher viel öfter gefeiert wurden, und von den Opferstellen im Moor, in die Geschenke für den Moorgott versenkt wurden.
Atli hatte seinen Plan einen ganzen Tag hin- und hergewälzt. Dann hatte er Ursa eingeweiht, seine Lieblingsschwester: er wird opfern gehen, so wie die Alte es beschrieben hat.

„Versuch es, Atli", hatte Ursa gesagt, „ich kann nicht mitkommen. Aber ich begleite dich in Gedanken." Dann hatte sie ihn auf die Stirn geküßt, wie es sonst die Mutter machte: „Paß auf dich auf, Kleiner, komm heil wieder."
Das Opfergeschenk steckt in dem kleinen Lederbeutel, den Atli über die Schulter gehängt hat, damit er im Ernstfall den Arm für den langen Stab frei hat. Den Weg zum Moor kennt er genau. Ein paarmal hat ihn der Vater mitgenommen, wenn er mit anderen Männern im Frühjahr nachsehen mußte, ob die hölzerne Straße im Winterunwetter keinen Schaden genommen hatte. Sie hatten lange Eichenbohlen auf den Wagen geladen und obenauf hatte Atli sitzen dürfen, wie ein Anführer. Alles hatte man von da überblicken können, das sumpfige Moos, an dessen Rand hier und da ein Birkenbäumchen stand. Überall hatte es gezirpt und gesummt, und dazu die weißen seidig-wuscheligen Wollgräser - als ob der Wind Wollflocken herumgepustet hätte.

Wirklich, das Moor sieht so bei Sonne eigentlich hübsch aus, gar nicht gefährlich. Doch seit er sich erinnern kann, schärft die Mutter ihm und den Schwestern immer wieder ein: „Geht nie allein zum Moor! Ungute Geister locken die Menschen hinein und lassen sie nicht mehr los." Was würde Vater sagen, wenn er wüßte, was er heute vorhat? Wann kommt der Vater von der Reise heim? Es ist eine Ewigkeit her, daß er mit dem hochbepackten Gespann aufgebrochen ist.
Kein Ende will der Weg heute nehmen. Atlis Kehle ist ausgetrocknet. Niemals wird er pünktlich zurück sein können, wenn die Sonne jetzt schon so hoch steht. Als sich endlich der Moorrand zeigt, wagt er es nicht, eine Pause einzulegen. Das Moor wölbt sich zum Horizont hin, fast sieht es aus, als ob die Wegtrasse bergauf führt. Ob er wirklich die halbe Weglänge hineingehen soll?
Nach einem guten Stück bleibt Atli stehen und sieht um sich. Weit und breit nichts Auffälliges, kein gefährliches Wasserauge, ein paar Binsen neigen sich freundlich im leichten Wind.
Hier wird er es einfach versuchen. Er biegt nach rechts vom Weg ab. Jetzt darf er keinen Fehler machen. Vor jedem Schritt prüft er vorsichtig, wie fest das Moospolster ist, auf das er treten möchte,

stützt sich dann und wann auf den Stab, um einen weiten Satz machen zu können. Doch, er muß es schaffen. Er hat noch im Ohr, was einer der Männer damals gesagt hat: „Das Moor trägt. Man darf ihm nur nicht leichtsinnig vertrauen.“

Atli kennt keinen Opferplatz, wie ihn die Alte beschrieben hat. Vielleicht liegt drüben einer, am anderen Ende des Moores, wo auch Höfe und Siedlungen sind. Er muß sich eben seine eigene Stelle suchen. Als die Fahrspur des Weges weit ins Abseits gerückt ist, bleibt Atli stehen. Hier wird ihn niemand sehen oder hören. Er atmet tief durch und stellt seinen kleinen Lederbeutel zwischen die Füße. Langsam zieht er die Lederschlaufe auseinander und faßt hinein: mit einem Band zusammengebunden, ein blonder Haarschopf.

„Wenn man die Götter umstimmen will, muß man ihnen etwas Wertvolles geben“, hatte die Alte gesagt. „Weißt du, was das Wertvollste ist, das ein Mensch zu verschenken hat? Sein Haar! Im Haar sitzt die Kraft.“

Wie betet man? Atli durfte noch nie bei einem der Feste dabeisein, wenn die Erwachsenen die Götter beschworen. „Warte, bis du älter bist“, sagt die Mutter immer. Aber der Moorgott wird ihn schon verstehen. Er breitet die Arme aus: „Du Gott der großen Weite, vielleicht wunderst du dich, daß ich gekommen bin. Aber es war niemand sonst da, der es hätte machen können. Nimm mein Geschenk. Es sind meine Haare. Ich habe mich nicht getraut, sie ganz kurz abzuschneiden. Aber ein ziemliches Stück ist es doch. Ich bitte dich, laß unsern Vater bald zurückkommen. Dafür lege ich mein Geschenk hierher. Und gib von der Kraft, die ich hergebe, auch etwas der Mutter. Laß sie gesund werden. Wir brauchen sie doch.“

Hat er das gerufen oder nur gedacht? Atli wundert sich, er fühlt sich ganz sicher, als hätte er das schon oft gemacht, so mit dem Moorgott zu sprechen. Er geht in die Knie, hält den Haarschopf hoch, gegen das Sonnenlicht. Dann drückt er ihn in das nasse Moor. Noch ein Stück weiter. So, jetzt müßte er sicher aufgehoben sein zwischen den stehenden grünen Pflänzchen.

Es ist, als ob die Zeit stehengeblieben wäre. Hat das einen Augenblick gedauert oder einen halben

Tag? Als Atli wieder an die Wegtrasse zurückkommt, ist ihm kühl. Doch einen Moment wenigstens muß er sich ausruhen. Er setzt sich an den Wegrand und schlingt die Arme um die Knie. Der Kopf ist schwer, immer die gleichen Gedanken schwirren hin und her. Merkt die Mutter etwas, geht es ihr besser? Hat die Alte recht gehabt? Was sagen die anderen, wenn sie sehen, daß seine schulterlangen lockigen Haare kurz geschnitten sind?

Hat da jemand gerufen? „He Kleiner, schläfst du? Was ist, wo kommst du her? Wer hat dich hier rausgeschickt?"

Als Atli den Kopf hebt, sieht er zwei dumpf schnaubende Rinder vor einem Wagen und einen Mann, der sie führt. Wer ist das? Ein fremder Händler? Eigentlich klang seine Stimme ganz freundlich. Doch Atli fängt plötzlich am ganzen Leib zu zittern an. Kaum kann er antworten: „Ich... ich soll den Onkel holen, weil Mutter so krank ist", stottert er.

„Durchs Moor schicken sie ein Kind, das glaubst du doch selbst nicht!" brummt der Mann und faßt Atli am Arm. „Na, steig erst mal auf, damit wir hier schnell rauskommen. Dann sehen wir weiter."

Als Atli auf den Wagen geklettert ist, zwischen die Körbe und Säcke, rollen ihm die Tränen übers Gesicht. Es hört gar nicht wieder auf. Eigentlich wollte er keine Menschenseele außer Ursa in sein Geheimnis einweihen. Aber jetzt erzählt er dem Fremden alles, ganz genau. Auch, wie gestern Ursa die kleine Eisenschere der Mutter geholt und ihm abends hinterm Haus die Haare abgeschnitten hat. Der Händler sagt nicht viel, er schüttelt nur hin und wieder den Kopf. Und am Ende murmelt er: „Das ist ja nicht zu glauben."

Die Sonne steht tief, als der Wagen ächzend und rumpelnd auf das Gehöft zufährt, von dem Atli am frühen Morgen aufgebrochen ist. Ist denn keiner da? Bevor der Fremde rufen kann, wird die Türe aufgerissen. „Atli, wo warst du nur die ganze Zeit. Die Mutter hat nach dir gefragt, ganz deutlich. Sie hat kein Fieber mehr." Die Alte steht in der offenen Türe. Sie scheint sich überhaupt nicht zu wundern, daß der Händler den erschöpften Atli über die Schwelle trägt. „Danke", sagt sie nur, „nun kann ja alles wieder gut werden".

Geschenke

„Ich muß immer an Atli denken“, sagt Malte am nächsten Morgen. „Meinst du, das ist wirklich so gewesen?“
„Wir wissen es nicht, Malte“, sagt Tante Inge. „Man hat nur den Haarschopf gefunden. Das habe ich euch doch schon gesagt. Man kann ihn im Museum sehen. Aber wer die Haare ins Moor gelegt hat und warum, das wissen wir nicht.“
„Aber es war ein Opfer, das ist sicher?“
„Ich bin mir da überhaupt nicht sicher. Aber wir wissen ja einiges von der Religion der Germanen. Die Germanen glaubten, daß in der unendlichen Weite des Moores Götter wohnen. Auch Seen und Quellen und Berggipfel haben sie für das Zuhause der Götter gehalten. Und dazu paßt, daß die Archäologen viele Gegenstände aus der Germanenzeit in Seen und Quellen und Mooren gefunden haben. Man hat sie dort offenbar den Göttern als Geschenk niedergelegt.“
Malte kaut nachdenklich an seinem Frühstücksbrötchen. „Aber es könnte doch sein, daß jemand einfach die Gegenstände im Moor verloren hat.“
„Ja, natürlich, aber es ist ein bißchen unwahrscheinlich“, sagt Tante Inge. „Wer soll denn da vor zweitausend Jahren querbeet durch das gefährliche Moor gelaufen sein, einfach so, mit Gepäck? Außerdem hat man kleinere Moore und einzelne Stellen in großen Mooren untersucht, in denen übereinander Unmengen von Gegenständen aus unterschiedlichen Zeiten lagen. Zum Beispiel Gefäße und Schmuckstücke, Hunderte und Tausende von Waffen, Kleidungstücke, Schuhe, ein ganzes Schiff - das alles kann nur absichtlich dorthin gelegt worden sein, als Opfer.“
„Hat es geholfen?“
„Ach Malte, das wissen wir auch nicht. Aber die Menschen, die ihren Göttern geopfert haben, waren sich sicher, daß sie etwas Richtiges und Wichtiges taten.“

„Die Leute früher haben aber auch gruselige Sachen gemacht. Sie haben Menschen geopfert oder zur Strafe ins Moor gesteckt“, sagt Lisa, „das sind die Moorleichen. Du kannst sie im Museum sehen. Ich war schon dort. Wahnsinn, was? Stell dir vor, du stichst Torf und plötzlich liegt so ein Mensch vor dir.“
„Ich weiß nicht, ich möchte lieber was finden, was ich als Andenken mitnehmen kann, ein Schmuckstück oder so“, sagt Malte.
„Hör mal, sowas mußt du doch abgeben. Das kannst du sowieso nicht einfach mitnehmen.“
„Ich möchte aber trotzdem ein Andenken. Ich habe überhaupt nichts zum Zeigen, wenn ich nach Hause komme“, sagt Malte.
„Du hast doch das Armband“, sagt Lisa.
„Ja, aber das hat nichts mit dem Moor zu tun. Ich kann doch keinen Torfsoden einstecken.“
„Also, ich hätte da eine Idee. Wir könnten dir ein Moorgespenst mitgeben“, sagt Tante Inge.
„Wie? Moorgespenst?“
„Hast du die nicht gesehen im Abtorfgebiet? Hin und wieder ragt eines aus dem dunklen Moorboden. Lisa durfte mal ein paar mitnehmen. Sie kann sich sicher von einem trennen.“
Was ist das denn wieder?
Ehe Malte sich den Kopf zerbrechen kann, ist Lisa schon auf die Veranda gesaust und wieder zurück:

In einem Arm hält sie eine Art Wickelpuppe mit verdrehtem Leib und verrückten Korkenzieher-Armen, in dem andern eine Art weit ausladenden Anker. „Eigentlich wollte ich mal ein Gespenstertheater damit machen, aber du kannst eine haben.“

„Das sind doch Wurzeln, oder?“ beginnt Malte vorsichtig. „Klar sind das Wurzeln“, sagt Lisa. „Aber uralte, die ganz unten im Moor steckten. Ich finde, sie sehen aus wie Gespenster. Und Gespenster sind ja auch uralt.“

Tatort Moor

Die Woche war aber schnell um. Richtig schade. Malte sitzt im Zug und hat den Kopf faul zurückgelehnt. An den Fenstern fliegen Häuser und Masten vorbei. Er wollte sich doch eigentlich ein neues Game-Boy-Spiel kaufen: von Omis Feriengeld. Und die Karte an Omi hat er auch vergessen. Ob er noch eben von zu Hause aus schreibt? Ganz kurz, vielleicht so: „Ich war im Moor. Da gibt es alte Bohlen und Moorleichen... und Moorlöcher... und diese... wie hießen sie noch....“ Malte fallen die Augen zu.

Diese Bulten... Ja, zum Draufspringen sind die gut. Das bringt Punkte. Jeder Versuch lohnt: Anlauf, Sprung. Geschafft. Bonus! Aber keine Zeit zum Ausruhen. Von rechts zuckelt ein Irrlicht heran. Kollision, Pech gehabt. Merkwürdig, neulich waren die viel kleiner. 100 Punkte verloren.

Abenteuer Moor ist gut gesagt. Das glatte Moorchaos ist das. Wo liegt denn ein Bonusgegenstand? Taschenlampe? Na schön, besser als nichts. Rauf mit dem Steuerkreuz. Noch ein Griff, iiiihhh, das war aber knapp an den klebrigen Greifern der fleischfressenden Pflanze vorbei. Wie die mit den Augen rollt. Als ob sie einen Löwen fressen wollte.

Steuerkreuz nach rechts. Wo gibt's was aufzusammeln? Ein Halsreif, na klar, hatten wir doch schon. Und weiter. Ach du Schreck, Moorgeist versperrt den Weg. Abgewehrt mit dem Torfspaten.

Wieso ist der Geist weiß, nicht braun?
Steuerkreuz nach links unten. Wie wär's mit einer Holzbohle hier? Die bringt Punkte, aber wie soll man sie erwischen? Festgesteckt, aha. Nee, sie glitscht ins Wasser zurück. Hinknien kostet Zeit. Griff ins Torfmoos. Oh, das ringelt sich nach oben, wie eine Zirkusschlange, um die Hand und um den Arm. Kopf hoch, sonst wuchert sie ihm noch über die Augen.

Steuerkreuz nach oben, einmal, nochmal, wo geht's hier hin? Auf einen Torfberg - ganz schön steil, aber es bringt 200 Punkte. Hartes Spiel. Das müßte Lisa mal sehen.

Wieso schwankt denn der Boden so? Ist der Bagger schuld, der da anrollt? Sein Greifarm wird immer länger, senkt sich. Ja greift der denn tatsächlich ... Wohin soll man denn da ausweichen. Da sind ja nur noch Wassergräben! Nichts als schwarzes Wasser. Und wieso läßt die Energie nach? Nochmal Drücken: OBEN - UNTEN - LINKS - RECHTS. Nichts rührt sich. Geht denn gar nichts mehr?
Hilfe, wo gibt's ein neues Leben? Hallo Irrlichter, ihr seid doch schlau, habe ich gehört. Wie wäre es, wenn ihr mir helft? Nee, nicht leuchten. Rausziehen. Wenn ihr reinschubsen könnt, könnt ihr doch auch wieder rausziehen. Paßt auf, ich schenke euch auch was. Ein Opfer, mein buntes Armband, das von Lisa. Oder ich mach vielleicht besser ein Foto von euch. Da werden aber alle staunen. Irrlicht aus Bohlstedt läßt grüßen.

„Mein Foto..., he, wo ist denn mein Fotoapparat?“ Malte schreckt hoch.
„Keine Angst, den nimmt dir keiner“ sagt ein freundlicher junger Mann, der gegenüber von Malte im Zugabteil sitzt.
„Du hast ihn doch umhängen. Hast du geträumt?“
„Ich, wieso? Ich habe mir nur ein Computerspiel ausgedacht. Ein Moorspiel. Das hat noch keiner.“
Malte steckt seinen Kopf ziemlich tief in den Rucksack und kramt seine Bonbontüte heraus.
„Was findest du denn Besonderes am Moor? Das ist doch nur brauner Sumpf, oder?“
„Nee, im Moor gibt es Wege und alte Wälder und Moorleichen und Wuchermoose und wenn man wollte, konnte man da auch opfern. Und es gibt noch was.“
Malte steigt auf den Polstersitz - wie gut, daß das Mama nicht sieht - und holt die breite Tragetüte herunter, in die er seine Wurzel gesteckt hat.
„Was ist das denn?“
„Mein Moorgespenst“.
„Und woher hast du das?“
„Mann, ich war doch im Moor“, sagt Malte.
Dann bremst der Zug.

Nachgefragt

Kann man glauben, was in Büchern steht? Was stimmt an dieser Geschichte von Malte? Wie ihr euch denken könnt, sind Malte und Lisa, Herr Eilers und Tante Inge erfunden. Auch der Ort Bohlstedt ist erdacht. Aber was Malte bei seinem Ferienaufenthalt kennenlernt, das gibt es wirklich:
Es ist das 40 Kilometer lange Große Moor, das im nordwestlichen Niedersachsen zwischen Oldenburg und Osnabrück liegt. Es sind die Moorwege, die man beim Abtorfen fand, und es sind die vielen anderen Spuren, die die Menschen der Vorgeschichte im Moor hinterlassen haben.
Aber der Reihe nach: Am ersten Tag lernt Malte das Dreiecksmoor bei Goldenstedt kennen. Ein Teil des Moores ist Naturschutzgebiet und wird wieder vernäßt, um es nach dem Abtorfen wieder zum Leben zu bringen.
Am Rande dieses Moores steht das „Haus am Moor“, ein Naturschutz- und Informationszentrum.

Mit Götterfiguren geschmückt: der Silberkessel aus einem dänischen Moor bei Gundestrup (ausgestellt im Nationalmuseum Kopenhagen).

Diese kostbare Halskette kam vor 2500 Jahren ins Moor (aufbewahrt in Oldenburg).

Vor dem Haus ist ein Moorerlebnispfad mit Informationstafeln angelegt. Hier starten auch die Moorbahnfahrten mit einer 11-PS-Lok.
Der Moorweg, den Herr Eilers mit ausgegraben hat, liegt etwas südlicher im Großen Moor, zwischen Kroge und Aschen. Wissenschaftler haben ihm die Bezeichnung VI Pr gegeben. Es ist der längste von über 20 Wegen, die bisher im Großen Moor entdeckt wurden. Er wurde im Jahr 43 v. Chr. gebaut und war 4255 Meter lang. Nach der Ausgrabung

Der Haarschopf aus der Molberger Dose (zu sehen in Oldenburg).

wurde dieses Moorgelände weiter abgetorft. Heute liegt es zugewachsen und verbuscht, wie Malte und Lisa es ja auch sehen.
Die Informationen über den Wegebau und über Funde, die bei Wegen gemacht wurden, stammen zum Teil von anderen Ausgrabungen in der Nähe.

Die Irrlichter sind keine Erfindung von Lisa und Tante Inge. Lichterscheinungen in sumpfigen Geländen gibt es. Wahrscheinlich entzünden sich Gase (Methan oder Phosphorwasserstoff) selbst.

Die Geschichte von Atli, die Tante Inge erzählt, ist erfunden. Aber sie könnte sich so zugetragen haben nach allem, was man über die Germanen, ihre Lebensweise und ihre religiösen Vorstellungen weiß. Einen Haarschopf, der mit einem schmalen Band zusammengehalten war, hat man beim Torfstechen in der Molberger Dose, einem Moor in der Nähe von Cloppenburg gefunden.

Über die Entstehung und Geschichte der Moore oder über moorarchäologische Funde kann man in einigen Museen etwas erfahren. Zum Beispiel hat das Staatliche Museum für Naturkunde und Vorgeschichte in Oldenburg viele Moorwege untersucht und bewahrt die Funde aus diesen Ausgrabungen auf. Auch der Haarschopf aus der Molberger Dose ist dort ausgestellt. Hier und zum Beispiel im Landesmuseum Hannover und im Archäologischen Museum in Schloß Gottorf in Schleswig sind auch Moorleichen zu sehen. Es sind die Körper von Menschen, die einst im Moor verunglückten oder aus Gründen ins Moor kamen, die wir nicht kennen.
Der römische Schriftsteller Tacitus berichtet, daß die Germanen Verbrecher zur Strafe im Moor versenkten. Es ist aber auch überliefert, daß die Germanen und Kelten den Göttern Menschen opferten. Diese Menschen wurden im Zusammenhang mit einem Kult getötet und dann sorgfältig im Moor niedergelegt.
Das berühmteste dieser Opfer ist der „Tollund-Mann", der in einem Moor bei Silkeborg in Dänemark gefunden wurde. Sein Gesicht ist fast unverändert erhalten - mit allen Fältchen und Bartstoppeln. Er sieht aus, als ob er gerade friedlich

Als sei er nur eingeschlafen: „Der Tollund-Mann"
(zu sehen im dänischen Silkeborg).

Ein prächtiger germanischer Mantel, aus Tuchresten nachgebildet, die man im Thorsberger Moor fand (in Schleswig ausgestellt).

eingeschlafen wäre. Nur eine Stichwunde am Hals und ein Strick um den Hals zeigen, daß er keines natürlichen Todes gestorben ist.
Die Moorleichen, die das Moor freigegeben hat, liefern uns Informationen über Aussehen und Lebensgewohnheiten, über Krankheiten, Ernährung und Körperpflege der vorgeschichtlichen Menschen. Auch Kleidungsstücke sind durch sie erhalten: Wollumhänge, Lederschuhe, Hosen, Tücher.

Kleidungsstücke aus Wolle oder auch nur Wollknäuel kamen auch als einzelne Funde beim Torfstechen zutage. Wahrscheinlich sind sie als Opfer ins Moor gelegt worden. Aus den Geweberesten können Fachleute erkennen, in welcher Technik die Stücke einst hergestellt und verziert wurden.

Malte hat nur ein winziges Kapitel eines ganz spannenden Themas kennengelernt. Zu den Hochmooren und dem, was davon übriggeblieben ist, kann man auch ganz andere Geschichten aus anderen Zeiten erfahren: zum Beispiel, wie die Menschen versucht haben, aus den gefährlichen nassen Flächen sicheren Boden zu machen, wie sie aus Torfsoden ärmliche Hütten gebaut und auf Kanälen mühsam Torf in die Städte gefahren haben. Oder auch wie sie Moorflächen abgebrannt und in der Asche Buchweizen angebaut haben.

Es gibt spezielle Moormuseen, die hierüber und über andere Einzelheiten informieren.
Wir haben einige Museums-Adressen zusammengetragen. Vielleicht hast Du Lust und Gelegenheit, das eine oder andere einmal zu besuchen?

Schön verzierte Bundschuhe, die 2300 Jahre im Moor lagen (aufbewahrt in Oldenburg).

Mehr übers Moor

Moor- und Fehnmuseum Elisabethfehn
Oldenburger Str. 1, 26676 Barßel.
Hier erfährt man vieles über die Entstehung der Moore, über Torfabbau und Naturschutz, außerdem über die Moorbrandkultur und die Kanäle im Moorgebiet (Fehnkanäle), auf denen die Siedler Torf in die Städte transportierten. Im Freigelände gibt es einen Moorlehrgarten und unter anderem eine 3000 Jahre alte Eiche aus dem Moor und zum Beispiel ein Buchweizenfeld.

Naturschutz- und Informationszentrum (NIZ)
Goldenstedter Moor - Das Haus im Moor -
Arkeburger Straße, 49424 Goldenstedt
Diesem Zentrum bist Du schon in Maltes Geschichte begegnet. Es liegt am Rande eines großen Torfabbaugebietes, das zum Teil wieder vernäßt wird. Auf einem Moorlehrpfad kann man in diese Fläche hineingehen.

Niedersächsisches Landesmuseum Hannover
Am Maschpark 5, 30169 Hannover
In der Abteilung Ur- und Frühgeschichte siehst Du auch Funde aus niedersächsischen Mooren, zum Beispiel Wollkittel, Hosen und Lederschuhe. Wegen ihrer (vom Moorwasser verfärbten) rötlichen Haare wird eine Moorleiche „roter Franz“ genannt.

Torfmuseum Kolbermoor (Verein für Industrie- und Technikgeschichte im südlichen Chiemgau e.V.) Samerweg 8, 83224 Grassau
Dieses Museum ist im ehemaligen Torfbahnhof Rottau (auf der Bahnstrecke München-Salzburg) eingerichtet. Man kann mit einer Feldbahn in das ehemalige Abtorfgebiet fahren oder Führungen in die alten Hochmoore (hier werden sie Filze genannt) mitmachen.

Dümmer Museum
49459 Lembruch am Dümmer
In der Urgeschichtlichen Abteilung werden Bohlenwege und Funde aus steinzeitlichen Siedlungen gezeigt, die aus dem Moor geborgen wurden.

Moormuseum Moordorf, Victoburer Moor 7a,
26624 Südbrookmerland-Moordorf
Vor 200 Jahren war Moordorf (westlich von Aurich) eine „Moorkolonie“, mitten in weiter Moorlandschaft. Wie die Menschen damals ihr Leben organisierten, wie sie ihre ärmlichen Häuser aus Torfsoden, Plaggen und Lehm bauten und wie sie den Torf abbauten und das Moor kultivierten, das zeigt dieses Freilichtmuseum.

Torfmuseum Neustadt am Rübenberge
Schloß Landestrost, 31535 Neustadt am Rbge.
Hier wird die Entstehung der Moore und des Torfes erklärt, man erfährt etwas über erste menschliche Spuren im Moor, über die Methoden, Torf zu gewinnen und über Produkte aus Moor und Torf. Zu den Ausstellungsstücken gehören alte Torfspaten genauso wie ein Moorkahn oder etwa hölzerne Moorschuhe für Pferde.

Weitere Informationen zum Thema Moor und zur Landschaft am Steinhuder Meer gibt es an der Informationsstelle Mardorf (Mardorfer Str. 6a) am Naturpark Steinhuder Meer.

Staatliches Museum für Naturkunde und Vorgeschichte Oldenburg
Damm 40-44, 26136 Oldenburg
In der vorgeschichtlichen Abteilung siehst Du Teile von ausgegrabenen Moorwegen, alte Wagenräder und Wagenteile. Daneben verschiedenste moorarchäologische Funde wie einen 1500 Jahre alten Bienenstock, Werkzeug und Schmuck, Reste

germanischer „Mäntel“ und Lederschuhe.
Eine der Moorleichen ist ein ungefähr 9 Jahre alter Junge, der vor 2000 Jahren getötet und gefesselt ins Moor gelegt wurde.

Museum am Schölerberg
Am Schölerberg 8, 49082 Osnabrück
Hier kannst Du lebendes Hochmoor ohne Gefahr aus der Nähe studieren: Es wächst in einer Klimakammer im Museum.

Archäologisches Landesmuseum
der Christian-Albrechts-Universität
Schloß Gottorf, 24837 Schleswig
Hier wird eine der eindrucksvollsten Sammlungen von Moorfunden ausgestellt. Etwas ganz Besonderes sind die Opferfunde aus den Mooren von Thorsberg und von Nydam in Südjütland. Dort versenkten die Menschen der Vor- und Frühgeschichte von einem Steg aus Rüstungsteile von Kriegern wie Schwerter, Lanzen, Schilde, Pfeile, aber auch persönliche Gegenstände wie Gürtel, Messer, Schmuck und Kleidung in das Opfermoor. Der prächtigste Fund aus Nydam ist ein 23 Meter langes seegängiges Eichenboot. Es hatte Platz für 36 Ruderer.

Nationalpark Veenpark (Niederlande)
NL 78844 Barger-Compascuum
In diesem Freilichtmuseum von Emmen kann man verschiedenste Kapitel der Moorgeschichte und der Arbeit der Menschen, die Moore kolonisierten, kennenlernen. Wanderwege führen über eine Hochmoorfläche, auch entlang von Modellen urgeschichtlicher Moorwege. Man kann das Gebiet von einem Moor-Dampfzug oder einem Moorschiff aus erkunden.

Drents Museum (Niederlande)
Brink 1-5, NL 9400 Assen
Auch in diesem großen Museum begegnen Dir eine Menge faszinierender Funde von den Bohlenwegen bis zu den „Schläfern im Moor“, den Moorleichen.

Vorgeschichtsmuseum Moesgard (Dänemark)
DK 8270 Hojberg
Aus den Mooren von Jütland haben Archäologen zahllose wichtige Funde geborgen. In dieser großen Museumsanlage (zu der auch ein Freilichtmuseum gehört) südlich von Arhus gewinnt man einen Eindruck davon. Der „Mann von Grauballe“, eine Moorleiche, wurde einst den Göttern geopfert.

Silkeborg Museum (Dänemark)
Hovedgarden, DK 8600 Silkeborg
Das kostbarste Stück in diesem Museum 40 Kilometer westlich von Arhus ist der „Tollundmann“, der vor 2200 Jahren gelebt hat. Als zweite Moorleiche ist dort die „Elling-Frau“ zu sehen, deren Haar in einer hübschen Zopffrisur gebunden war. Auch ihr Umhang aus Schafleder ist erhalten. Viele andere Ausstellungsstücke erklären die Bedeutung der jütländischen Moore.

Das ist nur eine Auswahl. Frag einmal, vielleicht ist ein interessantes Museum in Deiner Nähe!

Fotos: Silkeborg Museum, Nationalmuseum Kopenhagen,
Archäologisches Landesmuseum Schleswig und
Staatliches Museum für Naturkunde und Vorgeschichte Oldenburg
Gesamtherstellung: New Interlitho SPA., Trezzano
Printed in Italy

ISBN 3-89082-146-4